Marschen und Moore

THOMAS BELLER

Für Jenny

Ich mit Blick auf den Kudensee

Gänse im Speicherkoog

NOK bei Burg

Muscheln am Brake Biotop

Nebel bei Tellingstedt

Sonnentau im Dosenmoor bei Neumünster

Thomas Beller

Birke im Buchholzermoor

Kudensee

Mündung der Burger Au am Kudensee

Meine Begleiterin Mia

Schafe im Nebel

Zaunkönig

Irgendeine Wurzel

Kätzchen

Weide gespiegelt in einem Graben

Burgerfeld

Graureiher

Reet und Sonne an einem kalten Tag

Rehe im Schnee

Reh im Buchholzer Moor

Klein Westerland bei Hochdonn

Konikhengst nach dem Kampf

Noch ein Begleiter: Pit

Schädel vom Reh im Eggstedter Moor

Burger Au

Muschel am Kudensee

Buchholzermoor

Graureiher

Kormorane am Kudensee

Bussard

Aufziehendes Wetter am Kudensee

Stilles Bild mit Reiher (Speicherkoog)

Weiden in der Wilstermarsch

Road to nowhere ;-) Buchholzermoor

Turmfalkenmontage

Schafe im Nebel

Thomas Beller

Teichhuhn

Weg im Moor

Burgerfeld

Buchholzermoor

Schwäne bei aufziehendem Wetter (Eggstedter Moor)

Arkebek

Rehbock bei Hochdonn

Reiher in Burg

Silberreiher

Reh bei Hochdonn

Turmfalke

Buchholzermoor

Burger Au bei Kuden

Burger Au bei Burg

Wald am Eggstedter Moor

Burger Au (Thode Hof)

NOK bei Burg

NOK bei Burg

NOK bei Burg

Eis im Moor...

Vaalermoor

Die Bilder sind hauptsächlich entstanden im Eggstedter Moor sowie im Buchholzer Moor, in der Wilstermarsch und im Vaalermoor mit dem jeweils angrenzenden Nord Ostsee Kanal.

Alle Fotografien sind von mir, Thomas Beller. Sie sind Dank an meine Heimat und die Moore in ihr, die mir soviel gegeben haben.

Es sei noch einmal darauf hingewiesen, dass so ein Projekt gegen alle Empfehlungen derer, die das Machen von Büchern nur noch als etwas sehen, das sich rentieren muss, dennoch entstanden ist.

Mein Dank gilt jenen, die mich unterstützt haben in einer für mich schwierigen Zeit...das sind manchmal ganz andere als man denkt: Susanne natürlich, Mano Peters und Jenny, Volker und Sabine Streich sowie Joachim Ernst.

Burg in Dithmarschen, Februar 2015,

Ihr Thomas Beller

Herstellung und Verlag:
BoD - Books on Demand, Norderstedt
ISBN 978-3-7347-6643-5